AF247206

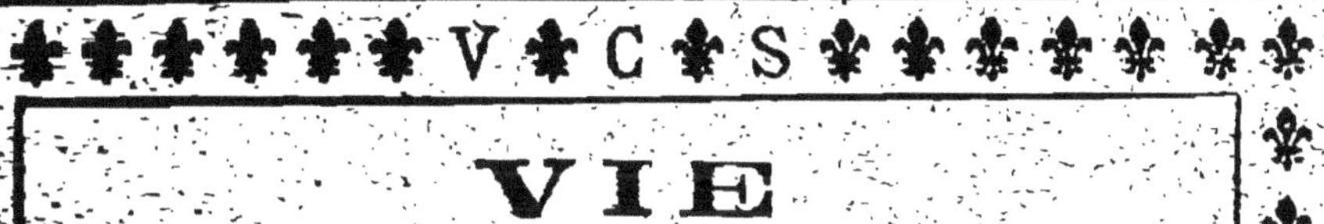

# VIE

### DE

# DON CARLOS

## CHARLES VII

### DUC DE MADRID

### 1848-1875

Ornée d'une belle photographie

PRIX : 20 CENTIMES

SE TROUVE

# CHEZ TOUS LES LIBRAIRES

# VIE

## DE

# DON CARLOS

## CHARLES VII

## DUC DE MADRID

### PAR GRAND

## SE TROUVE

# CHEZ TOUS LES LIBRAIRES

—

# SALVARE ESPANA!

## JE SAUVERAI L'ESPAGNE!

# VIE

## DE

# DON CARLOS

---

Il n'y a personne actuellement qui ne tourne les yeux vers l'Espagne. Son avenir inquiète à un tel point les divers gouvernements de l'Europe que l'on peut dire que la question espagnole est devenue une question européenne. La diplomatie allemande s'en est même emparée et a essayé de la retourner contre nous. Elle comprend de quelle utilité lui serait un pouvoir qui lui devrait tout et qu'elle pourrait manier à son gré. Et puis le triomphe des carlistes porterait un rude coup à la politique anti-catholique de Berlin; M. de Bismark est trop habile pour ne pas le voir.

Ces seules considérations suffiraient à attirer l'attention du public sur un des acteurs de ce drame: Don Carlos. Mais quand on voit que ça cause depuis deux ans est défendue par des volontaires héroïques, s'il en fut, que ces hommes ont commencé la lutte avec rien, qu'ils ont tout créé et que par la seule énergie de leur dévouement ils sont arrivés à former une armée de 90,000 hommes bien aguerris, bien disciplinés et luttant avec avantage contre un gouvernement qui a pour lui 200,000 soldats et toutes les ressources de l'Etat, quand on voit, dis-je, tout cet emsemble de faits, l'étonnement fait place à l'admiration et l'on veut connaître le Prince qui a su trouver des courages aussi résolus pour sa propre cause.

Reprenons les événements de plus haut. Obsédé par les instances d'une camarilla ambitieuse, séduit par les pleurs d'une jeune et intrigante épouse, le Roi d'Espagne, Ferdinand VII, signa, non sans de longues hésitations, un décret par lequel il appelait à lui succéder sa fille Isabelle. C'était violer ouvertement la loi salique importée en Espagne par Philippe V, sanctionnée à plusieurs reprises par les Cortès et les traités.

Le frère du faible monarque protesta aussitôt énergiquement contre cette inique spoliation de ses droits. A la mort de Ferdinand VII (1833), il reveudiqua la couronne sous le nom de Charles V et soutint sa cause par les armes. La guerre dura sept ans; elle fut illustrée par le génie des Zumalacarréguy et des Cabréra; force fut aux partisans d'Isabelle de quêter des alliances et de recourir à la trahison. Charles V, obligé de se réfugier en France, fut interné à Bourges. Plus tard Salzbourg et Trieste abritèrent son infortune et celle de ses enfants.

Ce fut donc au sein de l'exil même que naquit Don Carlos. Les événements politiques ajoutèrent encore à cette triste situation. Son père Don Juan, était le second fils de Charles V et sa mère Marie-Béatrix, archiduchesse d'Autriche-Este, la sœur de Madame la Comtesse de Chambord. Ils étaient à Venise, lorsqu'éclata en France la révolution de février 1848 ; l'insurrection gronda aussitôt dans cette ville. Les augustes exilés eurent grand peine à fuir les barricades. Le 29 mars au soir, ils arrivaient à Laybach, capitale de la Styrie, et y descendaient dans un hôtel pour y passer la nuit; le lendemain 30, avant le jour, l'archiduchesse mettait au monde un fils, c'était Don Carlos. Telle avait été la précipitation du départ que l'on n'avait rien emporté en prévision d'un pareil événement. Le soir du même jour, deux autres voyageurs venant de Venise s'arrêtent au même hôtel. On leur dit qu'une dame, arrivée également de Venise, est accouchée le matin avant terme. Ils s'informent et découvrent que cette dame est l'archiduchesse Béatrix. Qu'on juge de leur saisissement! Ces voyageurs n'étaient autres que M. le Comte et M<sup>me</sup> la Comtesse de Chambord.

Le mouvement populaire ayant gagné l'Autriche, Don Juan et son épouse cherchèrent, pendant deux ans, un asile à Londres. C'est dans cette ville, le 12 septembre 1849, que naquit Don Alphonse.

L'enfance de Don Carlos s'écoula au milieu de sa famille même. Au sein de cette atmosphère pur et salutaire, où il n'était entouré que de tendresse et de sage conseils; l'enfant acquit ces qualités rares que l'on devait plus tard retrouver dans l'homme. Sa mère, Marie-Béatrix fut d'abord sa première institutrice, elle forma son cœur et son esprit, et quand il fut sorti de l'enfance, elle confia le soin de son éducation au brave général Fuente.

Tout espoir de restauration semblait chaque jour s'évanouir de plus en plus pour les exilés. En 1860, le comte de Montémolin, Charles VI, fils aîné de Charles V, était descendu en Espagne à la voix d'Ortéga. Ce général lui avait promis le soulèvement de toutes les Espagnes: il fut pris et fusillé. Le comte de Montémolin lui-même tomba dans les mains de ses ennemis; on lui laissa la vie, mais il dut renoncer à tous ses droits en faveur d'Isabelle. A peine libre, il s'empressa de protester contre la violence et de revenir sur son abdication. Dans l'intervalle, Don Juan avait également protesté contre l'acte de renonciation de son frère et revendiqué ses droits.

Marie-Béatrix, s'appuyant sur les faits politiques, voulut détacher à jamais ses enfants de l'Espagne et tourner leurs cœurs et leurs idées vers l'Italie; mais, quoique né et élevé sur une terre étrangère, Don Carlos avait un ardent amour pour sa patrie: il était Espagnol de la tête aux pieds. De concert avec son frère Don Alphonse, il imagina, avec une tenacité d'esprit surprenante mille stratagèmes pour déjouer innocemment les projets de sa mère, fréquenter des Espagnols, savoir d'eux ce qui se passait dans sa patrie et apprendre les vieilles chroniques. « La mère, dit M. Aparisi y Guijarro, dans sa lutte contre la résistance de son fils, en vint à ce point de vouloir lui faire prendre un confesseur italien; mais le jeune prince de seize ans cherchait furtivement des prêtres espagnols, et se jetait seulement aux pieds de l'Italien pour lui avouer, sous le secret de la confession qu'il ne voulait pas se confesser à lui ».

Vint le temps où son éducation fut achevée, où il ne lui manqua plus que de la mûrir par l'expérience des hommes et des choses et par l'enseignement des faits. Ce qu'on put dès lors remarquer en lui, c'est la franchise du cœur et ce sang-froid admirable qui lui permet de regarder face à face les événements. Elevé dans les solitudes de l'exil, façonné par le malheur, il a en profonde horreur les flatteurs et les ambitieux. Avide de savoir, il a beaucoup observé, beaucoup

étudié. Il est versé dans l'économie politique,
nullement étranger à l'art militaire. Il connaît
à fond tous les problèmes actuels de la société
moderne et, il faut l'avouer, il a eu un grand
maître sur ce point : M. le Comte de Chambord.
Ses voyages en Suisse, en Allemagne, en Italie,
en Autriche, en Hollande et en France, lui ont
été aussi d'un grand secours. Il parle élégam-
ment, outre sa langue maternelle, le français,
l'italien, l'allemand et un peu l'anglais.

Avec toute l'intelligence d'un roi, il en a tout
l'extérieur. Sa taille est haute, sa figure belle
et sérieuse; on voit qu'il se sent prince et qu'il
sait que son premier devoir doit être une médi-
tation réfléchie des charges de la Royauté. Son
front large supporte sans fléchir la majesté de
quatorze siècles. Son œil est grand et lumineux,
toujours sérieux; il semble vous interroger et
vous scruter. Au premier abord, le prince peut
paraître froid et enveloppé comme dans une atmosphère de majesté, mais bientôt le roi s'efface
devant l'homme et l'Espagnol : parlez-lui de sa
patrie, de ses intérêts, de ses vicissitudes, et
vous verrez ses yeux s'illuminer de joie : toute
son âme semble passer dans ce regard expres-
sif. C'est que l'Espagne n'a rien pour lui d'é-
tranger, les nombreux compatriotes qui sont
venus le voir à Venise, Prague, Ebenzweyer,
Londres, Gratz, Paris, ont ressuscité à ses yeux
l'image de la patrie absente. Sa voix énergique est

faite pour commander des soldats au milieu d'une bataille.

On sait qu'il a toujours eu comme une passion pour l'équitation. A Venise même, il trouvait le moyen de passer deux ou trois heures à cheval tous les jours dans un jardin transformé à cet effet en manége. Un jour, un général espagnol vint de France pour lui présenter ses hommages. Il se rend à l'habitation de l'archiduchesse Marie-Béatrix, il n'y trouve qu'un chambellan ; pour toute réponse, il apprend que l'infant est sorti pour faire sa promenade à cheval. Stupéfaction du visiteur. Une promenade et une promenade à cheval ! le général n'en revenait pas : il n'avait vu à Venise que de l'eau. Bientôt tout s'explique ; en quelques coups de rames une gondole l'amène au manége improvisé, où il trouve Don Carlos, son frère Alphonse et leur cousin, le duc de Parme, en train de faire de la haute école.

Le mariage de Don Carlos avec la princesse Marguerite, fille de la duchesse de Parme et nièce de M. le Comte de Chambord, eut lieu le 4 février 1867. Il fut célébré dans la chapelle du château de Frohsdorf et béni par Mgr Falcinelli, Nonce de Sa Sainteté.

Dona Marguerite de Bourbon est née le 1er janvier 1847. La révolution, qui semble avoir pris à tâche de poursuivre sans cesse les princes de la Maison de Bourbon, l'a rendue bientôt orpheline. Tout le monde se rappelle encore avec admiration la courageuse fermeté de sa mère, Louise de France, à la mort du duc de Parme, Charles III, et la sage prudence avec laquelle elle gouverna l'héritage de ses enfants. Dona Marguerite a hérité de toutes les qualités de sa mère. C'est une âme forte et virile; quelle que soit la fortune de son époux, elle sera toujours à la hauteur de sa destinée. Elle est vive comme on l'est dans le Midi, on la dit même passionnée pour les périls, comme la duchesse de Berry, son aïeule ; au besoin, elle monterait à cheval ; son bonheur serait d'accompagner partout son époux. Les royalistes d'Andalousie firent peut-être allusion à cette chevaleresque ardeur lorsqu'au mois de mai 1869, ils lui envoyèrent une magnifique jument, tandis que Don Carlos recevait de la fabrique de ▆▆▆▆ un superbe révolver incrusté d'or et d'argent, « offert, disait l'adresse, par ceux qui l'attendent. »

« Dona Marguerite de Bourbon est une enchanteresse... Combien e'le est simple dans sa manière de recevoir! Quelle est bonne pour les pauvres! Quelle sœur de charité pour les malades! Le vieil Arévalo le sut, bien peu de temps avant de mourir, et il la bénit... Quand elle parle, il semble que l'on voit son cœur, et il n'y a rien de plus beau au monde; quand elle parle, nous voudrions qu'elle ne cessât pas de parler, car il y a en elle un don rare, très-rare, c'est qu'elle possède une intelligence d'élite et qu'elle l'ignore. Heureux l'homme qui l'appelle son épouse ! Heureux le peuple qui la saluera sa reine ! »

Un an après, le 7 septembre 1868, naissait l'infante Dona Blanche de Bourbon.

La nouvelle de la révolution d'Espagne qui éclata au mois de septembre 1868 et renversa le trône d'Isabelle, ne surprit point Don Carlos. Depuis longtemps, il pressentait la chute de sa parente.

Son premier mouvement fut de se rapprocher d'Espagne et d'accourir à Paris. Forcément il allait paraître en première ligne sur la scène politique. Il y eut alors comme un revirement parmi beaucoup d'Espagnols. Le parti des néocatholiques, assez semblables aux catholiques de France si indifférents en politique, surtout sous le dernier empire, et qui avaient été trompés par Isabelle, affirmèrent hautement leur adhésion à la Monarchie chrétiennne et légitime représentée par Don Carlos. Une circonstance dut influencer beaucoup leur opinion : l'infant Don Alphonse servait en qualité de volontaire dans l'armée pontificale. Il ne voulut d'abord accepter aucun grade et partagea la vie de soldat. Ce ne fut qu'au bout de plusieurs mois de services qu'il fut nommé sous-lieutenant; il était encore à Rome lorsque l'armée piémontaise vint attaquer cette ville, au mois de septembre 1870.

A la première nouvelle des événements de Cadix, le père de Don Carlos, Don Juan, qui avait déjà abdiqué en sa faveur, voulut ratifier solennellement son abdication. En présence des conseillers de son fils, « convaincu, disait-il, qu'il comprend et accepte loyalement, sincèrement les aspirations libérales et constitutionnelles de notre époque, » il signa cet acte devenu public :

« N'ambitionnant que le bonheur des Espagnols, c'est-à-dire la prospérité intérieure et le prestige extérieur de ma chère patrie, je crois devoir abdiquer et, par les présentes, j'abdique tous mes droits à la couronne d'Espagne en faveur de mon bien-aimé fils Don Carlos de Bourbon et d'Este.

Donné à Paris, le 3 octobre 1868.

Don Juan de Bourbon et de Bragance.

Le Duc de Madrid envoya aussitôt aux différentes cours de l'Europe la notification suivante :

« Sire,

« Ma naissance et l'état actuel de l'Espagne me font un devoir de porter à la connaissance de Votre Majesté l'abdication de mon auguste père.

« Si Dieu et les circonstances me placent sur le trône des Espagnes, je m'efforcerai de concilier loyalement les institutions utiles de notre époque avec celles indispensables du passé, laissant aux Cortès générales, librement nommées, la grande et difficile tâche de doter ma chère patrie d'une constitution qui sera, je l'espère, à la fois espagnole et définitive.

« Le jour où j'aurai ce bonheur, je resserrai le plus possible avec Votre Majesté mes relations personnelles, avec sa nation celles de ma nation.

« Recevez, Sire, l'assurance de ma haute
« considération.

« Carlos de Bourbon et d'Este. »

A Paris, dans les premiers jours de son arrivée, Don Carlos habita rue du Cardinal-Fesch ; et quand la princesse Marguerite le rejoignit, les augustes exilés choisirent un appartement situé au n° 14 de la rue Chauveau-Lagarde. Cinq domestiques formaient leur maison ; il n'y avait guère de luxe dans cette royale simplicité. Ni chevaux, ni équipages : on les avait laissés à Gratz. On put même les voir, au bois de Boulogne, se promener en simple voiture de louage

« comme de bons provinciaux venus faire leur tour de Paris. »

Les habitués du parc apercevaient, dit-on, tous les jours la princesse Marguerite avec sa dame d'honneur, la comtesse de Florès, dans les allées les plus écartées du bois qu'elle affectionnait de préférence.

C'est aux courses de Longchamps, en avril 1869, qu'eut lieu une rencontre entre M. le Duc de Madrid et Dona Isabelle, elle aussi exilée, rencontre qui fit beaucoup de bruit et que les journaux commentèrent et exagérèrent au point que l'*Union* fut chargée de rectifier l'exactitude des faits. Dona Isabelle et son mari étaient arrivés les premiers dans les tribunes. Un moment après entraient Don Carlos et Dona Marguerite; en les apercevant, Isabelle s'avance et salue son cousin. Don Francisco, de son côté, s'approche de Mme la Duchesse de Madrid et lui offre son bras. Cette double démarche n'était et ne devait être que purement courtoise; elle fut accueillie de même, mais avec la réserve un peu froide qu'inspiraient les situations respectives. C'est ainsi, par exemple, que Mme la Duchesse de Madrid ne crut pas devoir accepter le bras que lui offrait Don Francisco.

D'une rencontre fortuite, les isabellistes firent un rapprochement volontaire et réfléchi. Naturellement, c'était Don Carlos qui avait reconnu les droits de sa parente. Vive l'Espagne! La fusion était faite.

Elle ne l'était pas, et elle ne pouvait l'être que par la reconnaissance formelle des droits de Charles VII par Isabelle. La question n'était pas encore aussi avancée. Un temps on put espérer la fin des guerres civiles, en mariant le comte de Montémolin à Isabelle; mais la déplorable politique de Louis-Philippe empêcha tout.

Quoi qu'il en soit, tous ces bruits prouvaient l'importance que prenait le Prince, à mesure que les événements avançaient. Les catholiques et les royalistes, n'espérant plus qu'en le Roi légitime, commençaient à s'organiser; mais le Roi était exilé, il était nécessaire qu'il remît la direction à un homme connu, travaillant sous ses ordres.

Il jeta les yeux sur Cabréra. Par son passé, ses exploits légendaires, ses ressources d'esprit infinis, ce général eut pu rendre d'immenses services. Malheureusement, il n'était plus le même. Lui, le héros de la guerre de Sept-Ans, qui n'avait abandonné la lutte qu'au dernier moment, et avait si souvent depuis repris les armes, il conseillait hautement de déserter le terrain militaire, de tendre la main par des compromis aux hommes qu'il avait lui-même combattus. Il demandait enfin l'éloignement de plusieurs conseillers du Prince qui ne partageaient pas ces vues.

En vain, Don Carlos tenta de lui faire changer d'idées ; il persista à s'écarter des instructions qui lui avaient été confiées. Le Duc de Madrid résolut, quoique à regret, d'agir vigoureusement. A l'occasion de la naissance de l'infant Don Jayme, il réunit les délégués des juntes carlistes, leur dévoila la conduite de Cabréra, et sur leurs avis unanimes, lui retira ses pouvoirs.

Prenant dès lors en main la direction de son parti, il s'entoura d'un conseil où figuraient des hommes éclairés tels que le général Elio, le marquis de Villédarias, le comte d'Orgaz et le sénateur Aparisi y Guijarro. Des *commandants de la frontière*, résidant en France, correspondaient avec le Roi, entretenaient des intelligences parmi les provinces limitrophes, et organisaient les forces militaires en vue d'un soulèvement général. Les juntes d'*armements et de défenses* servaient de principaux intermédiaires aux *commandants de la frontière*.

Cette organisation indiquait suffisamment la force toujours croissante du parti carliste.

Le chef de l'opposition parlementaire aux Cortès fut un ancien ministre d'Isabelle, Don Candido Nocédal, homme d'une grande réputation de probité et d'éloquence. Son opposition savamment combinée usa à tour de rôle les ministères de chaque parti, et força au commencement de 1872 le gouvernement d'Amédée à dissoudre les Cortès.

En même temps le célèbre Villoslada, les publicistes Tejado, Aparisi y Guijarro, popularisaient le nom de Don Carlos. On voyait dans ses salons un ancien chambellan d'Isabelle, le marquis de Casaflorès ; un neveu de Donoso Cortez, marquis de Valdégamas ; des vétérans de la cause carliste, les comtes de Fabra, de Galvé, de Fuentès, del Pinar, le marquis de la Romana, etc., les généraux Elio, Algara, Lirio, Tristany, Céballos ; ce dernier a été longtemps secrétaire de M. le Duc de Madrid.

Il n'y avait pas que des grands d'Espagne. « Souvent, écrivait M. Aparisi y Guijarro en 1869, arrivent à la modeste maison de la rue Chauveau-Lagarde des vieillards qui auraient pu adhérer au traité de Vergara et devenir colonels ou généraux, vivre ensuite dans l'aisance ou même dans l'opulence, et qui ont préféré pourtant, pour rester courtisans du malheur, gagner (je les ai vus) un mince salaire, et peut-être tendre la main et demander l'aumône. Le maréchal Arévalo vivait presque de charité. J'ai déjà dit que Dona Marguerite le consola et qu'il la bénit ; maintenant j'ajoute que quand Don Carlos l'embrassa à son lit de mort, le vaillant guerrier se mit à pleurer. Un jour, il entra dans la maison un de ces vieillards qui arrivait d'une province d'Espagne ; je l'entendis prononcer ces paroles, qu'on devrait écrire en lettres d'or sur des tablettes de bronze, et que j'écris sur ce fragile papier, espérant qu'elles se graveront dans tous les cœurs espagnols : « Je viens, dit-il, me mettre aux ordres de Don Carlos. Mon père et deux de mes frères moururent pour son aieul sur le champ de bataille; nous ne restons plus que trois frères pour mourir! » Quelles paroles et quel cœur ! Lorsque je vois de tels hommes, je tourne le dos aux grands de la terre, et je me découvre comme si je passais devant l'honneur..... S'il était possible, ajoutait l'écrivain, que Don Carlos et Dona Marguerite vécussent à Madrid comme de simples particuliers, et si Madrid les connaissait comme nous les connaissons, Madrid, par amour pour eux, se ferait carliste. »

Le 27 juin 1870, Mme la Duchesse de Madrid mettait au monde à Vevey le Prince des Asturies, l'infant Don Jayme (Jacques) de Bourbon. Cette naissance fut accueillie avec transports par l'Espagne royaliste; les échos de la villa La Faraz, furent réveillés par les cris de joie des fidèles qui arrivaient de la Navarre et de la Biscaye. La cérémonie du baptême eut lieu le 29; les souvenirs de l'ancienne Espagne en furent le plus bel ornement. Derrière l'autel se déployait le noble drapeau de Charles V, sous lequel avaient vaincu les vaillants défenseurs du droit et de la justice, et que la Reine Dona

Maria-Térésa cacha sous ses vêtements à son entrée en France, lors de la trahison de l'infâme Marotto. Le ciel lui-même sembla prendre part à la fête; un temps magnifique, un véritable soleil d'Andalousie l'éclairait. Don Carlos, tout radieux, s'entretint souvent avec le Duc Robert de Parme. « Tous deux jeunes exilés... Ils parlaient sans doute de leurs espérances. »

Pendant ce temps, l'Espagne s'acheminait vers la ruine. Il s'était trouvé un prince allemand pour accepter la candidature au trône. Mme la Duchesse de Madrid apprit avant la diplomatie française les intrigues de Prim et de la Prusse. Elle comprit le danger de la France, et en informa sur-le-champ Napoléon III. Ce dernier accueillit favorablement cette communication, et sentit qu'il fallait faire échec à la politique des cabinets de Berlin et de Madrid. Don Carlos accourut à Paris; on lui fit la promesse d'un crédit de quinze millions. Mais l'indécision, qui était le caractère de l'ex-empereur, lui fit changer bientôt d'avis. Prim s'étant désisté, Napoléon rompit tout pourparler avec le Duc de Madrid, et fit saisir les armes qu'on allait introduire en Espagne. Deux jours après, prenant ombrage de sa parenté avec l'auguste Chef de la Maison de Bourbon, et refusant une utile diversion sur les frontières de l'Espagne, il lui intima l'ordre de quitter notre patrie, et eut l'outrecuidance de le faire escorter par des gendarmes jusqu'aux frontières suisses.

La guerre fut déclarée à la Prusse ; les événements se succédèrent avec rapidité ; l'empire tomba, laissant la France en proie à l'invasion. M. le Duc de Madrid voyait avec douleur les malheurs de notre patrie ; Bourbon, il se rappelait que la France était le berceau de sa famille. Au milieu de ces événements douloureux survint la nouvelle de l'élection d'Amédée au trône d'Espagne. Don Carlos y répondit par une protestation énergique que l'Europe entendit sans s'émouvoir (8 décembre 1870).

Quelque temps après, il s'installait avec son épouse au Bocage, près Genève (mai 1871). Il y reçut la visite de M. le Comte de Chambord. Le Chef de la Maison de Bourbon se rendait à Lucerne. Don Carlos et Dona Marguerite l'y suivirent, et ce fut avec un empressement marqué que les légitimistes français vinrent saluer le Roi de France et le Roi d'Espagne, et la fille de cette duchesse de Parme, si bonne et si française.

En avril 1872, les carlistes se présentèrent sans armes dans les comices pour les élections : toutes les violences furent employées pour les en écarter ; on eut même recours au poignard. Le moment d'agir était venu ; le gouvernement provoquait lui-même la lutte. Don Carlos protesta immédiatement :

Genève, 15 avril 1872.

« A Son Excellence Don Candido Nocédal, vice-président de la junte centrale.

« Excellence, le Duc de Madrid a daigné résoudre que la minorité carliste s'abstiendrait de siéger au congrès.

« Le grand parti national s'est présenté aux urnes électorales, acceptant une forme légale que rejettent ses principes, pour lutter sur le terrain même choisi par ses adversaires. Les résultats ont prouvé que la comédie ridicule du *libéralisme* sert uniquement à fausser l'opinion nationale, à renverser les droits que lui-même a proclamés, à porter le mensonge dans le Parlement, le deuil au sein des familles.

« Le Duc de Madrid, à la vue de tels désordres, proteste aujourd'hui devant le pays en rappelant ses représentants ; demain, il protestera sur le terrain que lui indiquent la patrie opprimée et les aspirations de son cœur espagnol..... »

« *Le secrétaire du Duc de Madrid,*

« EMILIO DE ARJONA.»

En même temps le Roi quittait Genève; le 2 mai, il entrait en Navarre, et était reçu à Véra par six mille de ses partisans, dont quinze cents seulement avaient des armes. Le 6 mai, Don Carlos et sa petite armée se trouvaient à

Oroquiéta, non loin de Pampelune. Par une imprévoyance sans bornes, on avait négligé d'éclairer les abords du quartier royal; les carlistes se virent tout à coup cernés par six mille amédéistes. On assure qu'un espion de M. Thiers avait prévenu Morionès, ce qui est d'autant plus croyable que le premier obus tomba sur la maison où se trouvait le Prince. La résistance des carlistes permit à Don Carlos de traverser de nuit les lignes ennemies. Il gravissait une colline avec ses guides, lorsqu'il vit venir à lui un jeune homme dont le visage était empreint d'une pâleur mortelle. « Qu'as-tu? lui demanda-t-il. — Sire, permettez-moi d'embrasser votre main avant de mourir. » Et déboutonnant sa tunique, le jeune brave laissa voir la trace d'une balle qui venait de traverser sa poitrine. Emu jusqu'aux larmes, Don Carlos serra contre son cœur cet héroïque mourant. Il parvint à gagner la frontière, se rendit à Bayonne et vint habiter chez M. de Barrande, neveu du général Elio.

Ce qui avait fait avorter le mouvement, c'était l'incurie des hommes chargés d'organiser l'insurrection et surtout celle du brigadier Rada. Rien n'avait été prêt : les armes, l'argent, tout avait manqué. Toutefois le soulèvement ne put être entièrement apaisé. En Catalogne, Saballs, Tristany et Castells tinrent bon; et dès le mois de décembre 1873, l'infant Don

Alphonse vint prendre le commandement en chef de leurs bataillons. Il était accompagné de sa femme, la princesse Marie-des-Neiges, fille de Dom Miguel, le Roi légitime de Portugal, avec laquelle il s'était marié le 26 avril 1871. Le prince et la princesse firent leur entrée solennelle à San Quirico de Besora (28 février 1872).

Du côté de la Navarre, à la fin de 1872, Ollo, Dorrégaray, Lizarraga passaient les Pyrénées avec vingt-sept hommes seulement. Tel était le signal de la grande guerre carliste. L'avénement de la république favorisa beaucoup le mouvement militaire. Le 5 mai 1873, Dorrégaray et Radica remportèrent la victoire d'Eraul dont les conséquences furent immenses. Les exploits de Saballs, de Tristany, d'Elio, d'Ollo complétèrent promptement l'œuvre commencée. Le 16 juillet, Don Carlos entrait en Espagne à Zuggaramundi au bruit des acclamations des populations accourues sur son passage. Le mois suivant, Estella tombait en son pouvoir ; le général républicain Morionès s'acharna à reprendre cette place et éprouva de sanglantes défaites à Urbiola (16 octobre), Montejurra (7, 8 et 9 novembre). Dans une troisième tentative essayée en décembre 1873, il fut obligé de faire une retraite honteuse et d'embarquer ses troupes par voie de mer.

Voyant leur territoire désormais à l'abri des

incursions des troupes républicaines, les carlistes firent le siége de Bilbao. On sait le reste : les républicains, après deux sanglantes défaites, parvinrent, grâce à la supériorité de leur nombre et de leur artillerie à faire lever le siége de cette ville (mai 1874). L'armée carliste prit une éclatante revanche devant Estella (juin) où les républicains éprouvèrent une déroute et où leur chef, le maréchal Concha, fut tué. Pendant ce temps, l'infant Don Alphonse s'avançait au cœur de l'Espagne, et, par la prise de Cuença (juillet), ville située à trente lieues de Madrid, jetait la consternation dans la capitale.

M^{me} la Duchesse de Madrid avait suivi, de France, ces derniers événements. Elle avait été obligée de quitter la Suisse par le gouvernement de ce pays, qui s'est fait une si triste renommée par les violences exercées contre les évêques et le clergé catholiques, et ses complaisances envers les communards. Profitant de l'hospitalité que lui offrait M^{me} la baronne de Cursay, sœur de M. de Carayon-Latour, elle s'établit au château de Tartifume, situé non loin de Bordeaux. Plus tard, elle vint habiter Pau, où elle s'occupa activement de soigner les blessés.

Au mois de juin 1874, cédant aux sollicitations de son auguste époux, elle se rendit en

Espagne où les populations l'accueillirent avec transport. Le 7 juillet, quelques jours après la mort de Concha, les deux souverains se rendirent à Estella, où ils firent leur entrée triomphale.

Les succès des carlistes inquiétèrent le cabinet de Berlin. Prenant prétexte de l'exécution de l'espion prussien Schmidt, il entreprit une campagne diplomatique contre Don Carlos, et s'efforça d'amener la reconnaissance du gouvernement de Madrid par toutes les grandes puissances. Toute l'Europe, y compris l'Autriche et même l'Angleterre, s'associa plus ou moins volontiers à cette politique. Seule, la Russie refusa de consentir à ce déshonneur ; le czar écrivit même une lettre flatteuse à Don Carlos. Le ministre français, M. Decazes, aurait pu imiter cette attitude ; sa trop grande condescendance pour le gouvernement madrilène nous a attiré plusieurs affronts qu'il nous a fallu endurer patiemment.

Au moment où nous écrivons, l'armée royale compte, dit-on, plus de 90,000 hommes. En Navarre, les carlistes ont reçu depuis quelque temps beaucoup de canons ; peu s'en est fallu même qu'ils ne s'emparent d'Irun. Pampelune est étroitement bloquée et les troupes de Laserna et de Morionès depuis des mois restent dans une immobilité complète. Dans le centre, Don Alphonse organisa de nouveaux bataillons. En Catalogne,

Saballs, Tristany, Miret, Hughuet, tiennent les républicains enfermés dans les villes ; naguère la Seu d'Urgell est tombée en leur pouvoir. Presque tous les chemins de fer et les lignes télégraphiques sont coupés, la capitale n'a presque plus de communications avec la province. Des bandes ont même interrompu la circulation sur le chemin de fer de Carthagène, au sud de la péninsule.

Enfin il y a des carlistes jusque dans les provinces des Asturies, de Galice, de Valladolid, jusque même dans les montagnes de Tolède, de la Nouvelle-Castille, à quelques lieues de Madrid.

Cet exposé de la situation des forces de l'armée royale montre assez que Don Carlos ne songe nullement à abandonner lutte.

« J'ai obéi, a-t-il dit dans son Mémorandum aux puissances (6 août 1874), à la voix du devoir et du patriotisme en confiant à la fortune des armes la revendication de ma couronne, après avoir *épuisé* tous les moyens pacifiques pour sauver mon pays bien-aimé des horreurs imminentes d'un 93 espagnol. — Dieu m'a favorisé, j'ai obtenu le véritable plébiciste, celui que des milliers d'Espagnols scellent chaque jour du plus pur de leur sang.

« Sans armes, sans argent, l'Europe le sait,

j'ai formé une armée avec les éléments que me fournissent l'abnégation et l'enthousiasme d'un grand peuple, j'ai vaincu l'ennemi partout où il m'a présenté le combat...

« Je ne crois pas qu'aucun gouvernement se décide à soutenir une cause si complétement perdue, à combattre avec les fauteurs de crimes aussi abominables et à s'associer à une politique dont la trahison fait la base, et la rapacité le mobile. — Toutefois, si une intervention venait à se produire, — fort de notre foi et de notre amour pour la patrie, nous l'attendrions avec sérénité comme nous attendions, au début de la campagne, les bataillons de l'armée républicaine, alors que nous n'étions qu'une poignée d'hommes, que nous manquions à peu près de tout.

« Evoquant le souvenir des martyrs de l'indépendance, nous combattrions pour la victoire, où nous saurions, jusqu'au dernier, mourir au pied de nos canons, en criant : Vive l'Espagne ! »

Ceux qui le connaissent savent assez qu'il veut sauver son pays ou mourir. « S'il n'y a pas aujourd'hui un trône en Espagne pour lui, disait un de ses adversaires, je vois qu'il y aura un tombeau. » — « Si je meurs, disait le Prince lui-même à M. Aparisi y Guijarro, si je meurs, je l'ai déjà dit à Marguerite de ne pas pleurer ; mon frère recueillera la couronne teinte de mon sang : elle n'en aura que plus de prix. »

Quant à ses opinions, elles sont loin d'être absolues, comme la calomnie s'efforce de les représenter. Citons à ce sujet la conversation qu'il eut naguère avec le correspondant du *New-York Herald*, journal peu sympathique à sa cause :

— « L'Espagne, lui disait Don Carlos, a été tellement apauvrie par les guerres, les révolutions et les changements de gouvernement, que mon existence tout entière suffirait à peine pour lui rendre le degré de prospérité dont je voudrais la voir jouir.

« Cela ne pourrait être obtenu que par une période fructueuse de tranquillité et de repos ; par la culture des arts et de la paix ; par le rétablissement et la consolidation des finances de la nation et du crédit du gouvernement, et en donnant au pays une ère de quiétude dont il n'a jamais joui depuis le règne de Charles-Quint. Je désirerais rendre à l'Espagne quelque peu de son ancienne grandeur. Voilà la tâche, la seule tâche que je m'imposerais.

« — Votre Majesté, reprit le reporter, en faisant allusion à la forme du gouvernement

qu'elle se propose de donner à l'Espagne, a parlé
des Cortès. Pourrais-je lui demander quelle serait la nature de ces Cortès?

« — Assurément. Des Cortès pleinement et
loyalement nommées par le peuple ; des Cortès
qui reflèteraient les sentiments, les intérêts, les
vœux, les opinions du peuple et ne constitue-
raient en aucun cas un corps pur et simple de
policiers factieux, impuissant pour faire le bien,
mais fort seulement pour faire le mal. Nous ne
voulons pas de ces hommes qui trouvent les
moyens d'arriver à la législature dans le seul
but de développer l'intérêt privé, de proclai-
mer des doctrines propres à renverser les bases
de la société et à les remplacer par des barricades. »

Passant de là aux progrès de la civilisation
moderne, le Roi continua ainsi :

« Je veux que l'Espagne marche de l'avant
dans la voie du progrès et des lumières et qu'elle
ne reste pas en arrière des autres nations ses
sœurs sous le rapport de la science et de l'éducation. Je veux surtout qu'elle ne se laisse pas
distancer dans la grande course dont le but est
la richesse, la prospérité. Mais, ajouta-t-il, il y
a quelque chose de radicalement mauvais dans
les courants modernes de la pensée. Le monde
se précipite dans un matérialisme et un scepti-

cisme grossier, matérialisme qui, si on ne lui impose une digue, finira par déborder et éteindre la race humaine.

« La faute de tout cela tient au système moderne d'éducation qui est porté vers l'athéisme et aux méthodes modernes d'investigations. Les prétendus savants du jour qui seront traités de fous par les savants qui vivront dans vingt ans veulent nous faire renoncer aux vérités victorieuses des épreuves des siècles et nous faire accepter leurs théories fantaisistes. L'Espagne ne le fera jamais si je puis l'en empêcher.

« La religion et l'éducation doivent marcher ensemble en se donnant la main pour s'assister l'une l'autre. Mais, ajouta le Roi en souriant, lorsque j'aurai conquis mon trône et rétabli la paix et l'ordre, il sera temps de parler de ces choses-là, et surtout de l'éducation. »

Conçoit-on ce que serait pour la France l'Espagne catholique et monarchique, la Royauté légitime en France et en Espagne! Quel spectacle et quel coup porté à cette politique prussienne qui veut nous enserrer au Nord et au Midi! « Il n'y a plus de Pyrénées, » disait Louis XIV en asseyant les Bourbons sur le trône de Madrid. Le mot serait plus vrai encore. L'Espagne et la France se donneraient la main par-dessus les Pyrénées, et la croix vaincrait encore

« cette barbarie nouvelle dont le monde est menacé » et qui s'appelle la révolution.

Quand viendra ce moment? Sans doute il y a bien des obstacles; mais il y a aussi Dieu qui sait les écarter. Un jour, un des hommes les plus éminents d'Espagne accourut voir Don Carlos. C'était après la révolution de 1868. L'ancien passé de l'Espagne, les enseignements des révolutions, les grands progrès nationaux et internationaux, les questions pendantes dans l'avenir, tout fut passé en revue. Et, comme l'heureux visiteur semblait craindre de grandes difficultés, Don Carlos prononça ces simples paroles:

*Solutio omnium difficultatum Christus.*
Dieu saura résoudre toutes les difficultés.

Paris-Auteuil, imprimerie des apprentis catholiques-Roussel.

# ŒUVRES D'ART

---

## MAGNIFIQUES PORTRAITS

| DE PIE IX | D'HENRI V |
|---|---|
| DESSINÉ D'APRÈS NATURE | DESSINÉ D'APRÈS NATURE |
| à Rome en 1873 | à Lucerne en 1871 |

## GRAVÉS AU BURIN ET PUBLIÉS

### PAR F. GAILLARD

Ancien pensionnaire de l'Académie de France à Rome, et honoré d'une médaille pour la peinture et d'une autre pour la gravure à la Grande Exposition de Vienne 1873

*Le prix de l'estampe de chaque portrait imprimé spécialement sur chine, est ainsi fixé:*

Epreuve artiste sur colombier. . **100** fr.
   »    avant la lettre sur jésus.   **50**
   »    avec la lettre sur jésus.   **15**

Le plus beau cadeau qu'on puisse faire à une personne le jour de sa fête, ou au moment des étrennes, c'est de lui offrir ces deux portraits ; le nom de l'auteur suffit seul pour les recommander au public.

## ELLES SE TROUVENT

Chez l'auteur, 54, rue de Madame, à Paris, et chez tous les libraires et marchands d'estampes.

# VIENNENT DE PARAITRE

**Photographie de Don Carlos**, exécutée d'après nature en novembre 1874. Prix : CARTE, franco 75 cent.; 6 ex. *franco* 3 fr. 90 cent. ; 12 ex. *franco* 7 fr. 20. — ALBUM, *franco* 1 fr. 50. — IN-FOLIO sur chine, 5 francs (le port et l'emballage en sus).

**Photographie de Don Alphonse**, frère de Don Carlos, exécutée d'après nature, en novembre 1874. *Mêmes prix et formats.*

**Photographie de Doña Marie-des-Neiges**, femme de Don Alphonse, exécutée d'après nature, en 1874. *Mêmes prix et formats.*

C'est la première que le public ait eue de cette courageuse princesse. Elle y est représentée avec le béret et le costume qu'elle porte au milieu des combats.

Ces trois belles photographies sont faites pour cadrer ensemble.

**Médaille d'Henri V**, (avec bélière n° 4), avec cette légende *Dieu le veut, la France le voudra*; au revers, le chiffre du Prince et ces paroles du roi Charles X : *Heureuse France, si jamais il est Roi.*

CUIVRE, 1 méd. 10 cent. *franco* 25 cent.; la douzaine 75 cent., *franco* 95 cent.; le cent 5 fr.; *franco* 5 fr. 80. — BRONZE, 1 méd. 20 c., *franco* 35 cent.; la douzaine, 1 fr. 40, *franco* 1 fr. 60; le cent, 9 fr. 50, *franco* 10 fr. 30. — ARGENT, 1 méd. 1 fr. 75, *franco* 3 fr.; la douzaine 20 fr. *franco* 21 fr. 30. — VERMEIL, 1 méd. 2 fr. *franco* 3 fr. 30; la douzaine 22 fr. — OR, 1 méd. 30 fr. *franco* 31 fr. 30.

**Médaille de Don Carlos**, (avec bélière, n° 4), avec cette légende : *Je sauverai l'Espagne*; au revers son chiffre et ces mots : *Dieu est avec lui, il vaincra.*

Le prince est en costume militaire, coiffé d'un béret.

S'adresser à M. GRAND, 33, rue Cassette, Paris.